ALPHABET

CHRÉTIEN

ALPHABET
CHRÉTIEN

POUR LES ENFANTS
QUI FRÉQUENTENT LES ÉCOLES CHRÉTIENNES.

LILLE

J. LEFORT, IMPRIMEUR - LIBRAIRE
rue Charles de Muyssart

A B C D
E F G H I
J K L M N
O P Q R S T
U V X Y Z
Æ OE

(4)

a b c d
e f g h i j k
l m n o p q
r s t u v x y
z æ œ ff fi
ffi fl ffl.

Ba be bi bo bu
Ca ce ci co cu
Da de di do du
Fa fe fi fo fu
Ga ge gi go gu
La Le Li Lo Lu
Ma me mi mo mu
Na Ne Ni No Nu
Pa Pe Pi Po Pu
Qua que qui quo quu

Ra re ri ro ru
Sa se si so su
Ta te ti to tu
Va ve vi vo vu
Xa xe xi xo xu
Za ze zi zo zu

---

an, on, un, ou,
et, au, s'y, est,
lui, pas, loi, jeu,

air, mur, nous,
mais, vous, fils,
point, temps,
dans, jour, dix,
corps, main,
dent, pied, le,
pont, tour, la,
long, haut, les,
banc, bois, du,
cent, deux, si,

â me, pè re, an-
ge, tê te, heu re,
es prit, com me,
pa ge, en fer,
beau coup, em-
ploi, pre mier,
clas se, li vre,
ta ble, se cond,
pren dre, a mi,
ci el, tré sor,

sain te, mê me,
vil le, ap pel,
se cours, gla ce,
fau te, dé faut,
ver tu, fi xer,
Mes se, si gnal,
gout te, e xil,
lar me, ar bre,
ha ïn, dé cret,
stal le, ai mer,

Pa ra dis, é co-
le, A pô tre,
é toi le, E gli-
se, dis ci ple,
o rai son, doc-
tri ne, pa ro le,
pen si on, nou-
vel le, vil la ge,
fa mil le, Sain te
Vier ge.

SECONDE PARTIE

Au Nom du Père, et du Fils, et du Saint-Esprit. Ainsi soit-il.

L'ORAISON DOMINICALE

No tre | Pè re, qui | ê tes | aux Cieux, que | vo-tre | Nom | soit sanc ti fi é ; que vo tre | rè gne | ar-rive ; que | vo tre vo lon té | soit

fai te | en | la | ter-
re | co*mme | au
Ciel : don nez-
nous | au jour-
d'hui | no tre
pain | quo ti di-
en ; par don nez-
nous | nos | of-
fen ses , com me

* On a réuni les consonnes qui fausseraient le son de la syllabe précédente ; dans ce cas on accoutumera les enfants à ne faire sonner qu'une de ces deux lettres réunies.

nous | par don-
nons | à | ceux | qui
nous | ont | of-
fen sés; et | ne
nous | lais sez
pas | suc com-
ber | à | la | ten ta-
ti on; mais | dé-
li vrez-nous | du
mal. Ain si | soit-il.

LA SALUTATION ANGÉLIQUE.

Je | vous | sa-lue, | Ma rie, plei ne | de | grâ-ce; le | Sei gneur est | a vec | vous; vous | ê tes | bé-nie | en tre | toutes | les | fem mes, et | Jésus, le | fruit de | vos | en trailles, est | bé ni. Sainte | Ma rie, Mère | de | Dieu, priez | pour | nous, pauvres | pécheurs, main tenant | et | à | l'heure | de | no tre mort. | Ain si soit-il.

LE SYMBOLE DES APOTRES.

Je | crois | en Dieu, le | Pè re tout - puis sant, Cré a teur | du Ciel|et|de|la|ter- re; et|en|Jé sus-

Christ, son | Fils u ni que, No tre-Sei gneur ; qui a | été | conçu | du Saint - Es prit, est | né | de | la Vierge | Ma rie, a | souf fert | sous Pon ce | Pi la te, a | été | cru ci fi é, est | mort, et | a é té | en se ve li; est | des cen du aux | en fers, et le | troi si è me jour | est | res sus- ci té | des | morts; est | mon té | aux Cieux, est | as sis à | la | droi te | de

Dieu | le | Père tout - puis sant ; d'où | il | vien dra juger | les | vi vants et | les | morts. Je crois | au | Saint-Esprit ; la | sain- te | E gli se | ca- tho li que , la com mu ni on des | Saints, la ré mis si on | des pé chés, la | résur rec ti on | de la | chair, la | vie é ter nel le. Ain si soit-il.

LA CONFESSION DES PÉCHÉS.

Je | con fes se à | Dieu | toutpuis sant, à | la bien heu reu se Ma rie | tou jours Vier ge, à | saint Mi chel | Ar- chan ge, à | saint Jean | Bap tis te, aux | A pô tres saint | Pier re | et saint | Paul, à tous | les | Saints, et | à | vous, mon Père, que | j'ai beaucoup | péché, par | pensées, par | paroles, par | actions et | par | omissions ; | c'est | ma faute, | c'est | ma fau te, c'est | ma très - gran de fau te : C'est pourquoi | je | supplie | la | bien heu- reu se | Ma rie tou jours | Vier- ge, saint | Mi- chel | Ar chan ge, saint | Jean - Bap-

tis te, les | A pô-
tres | saint | Pier-
re | et | saint | Paul,
tous | les | Saints,
et | vous, mon
Père, de | pri er
pour | moi | le | Sei-
gneur | no tre
Dieu.

Que | le | Dieu

tout - puis sant
nous | fas se | mi-
sé ri cor de,
qu'il | nous | par-
don ne | nos | pé-
chés, | et | nous
con dui se | à | la
vie | é ter nel le.
Ain si | soit-il.
Que | le | Sei-

gneur | tout-puissant | et | mi sé ri cor di eux | nous ac cor de | l'in dul gen ce, l'ab so lu ti on | et | la ré mis si on | de nos | pé chés. Ain si | soit-il.

ACTES DES VERTUS THÉOLOGALES.

ACTE DE FOI.

Mon | Dieu, je crois | fer me- ment | tout | ce que | la | sain te E gli se | ca tho- li que, a pos to- li que | et | ro mai- ne | m'or do nne de | croire, par ce que | c'est | vous, ô | Vé ri té | sou- ve rai ne! qui | le lui | a vez | ré vé lé.

ACTE D'ESPÉRANCE.

Mon | Dieu, j'es pè re, a vec u ne | fer me con fi an ce, que

vous | me | do-
nne rez, par | les
mé ri tes | de | Jé-
sus-Christ, vo tre
grâ ce | en | ce
mon de, et | si
j'ob ser ve | vos
Com man de-
ments, vo tre
gloi re | en | l'au-

tre, par ce | que vous | me | l'a vez pro mis, et | que vous | ê tes | sou- ve rai ne ment fi dè le | dans | vos pro mes ses.

ACTE DE CHARITÉ.

Mon | Dieu, je vous | ai me | de

tout | mon | cœur, de | tout | mon es prit, de | tou te mon | â me, de tou tes | mes | for- ces, | et | par des- sus | toutes | cho- ses, | par ce | que vous | ê tes | in- fi ni ment | bon, in fi ni ment | ai ma ble; et | j'ai me | mon | pro chain | com me moi - mê me pour | l'a mour de vous.

ACTE DE CONTRITION.

Mon | Dieu, j'ai un | ex trê me

re gret | de | vous a voir | of fen sé, par ce | que | vous ê tes | in fi ni ment | bon, in fi ni ment | ai ma ble, et | que le | pé ché | vous dé plaît ; par don nez - moi par | les | mé ri- tes | de | Jé sus- Christ ; je | me pro po se, mo- yen nant | vo tre sain te | grâ ce, de | ne | plus | vous of fen ser | et | de fai re | pé ni- ten ce.

— Lille Typ. J. Lefort. 1869 —

Lille. Typ. L. Lefort.

Lille. Typ. L. Lefort.

www.ingramcontent.com/pod-product-compliance
Lightning Source LLC
Chambersburg PA
CBHW061012050426
42453CB00009B/1389